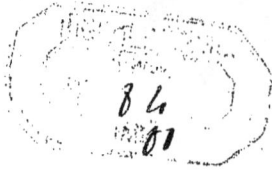

DÉFINITION ET LOGIQUE

DU PRINCIPE

DE LA

SOUVERAINETÉ

DU PEUPLE

PAR

RENUCCI, CAPITAINE EN RETRAITE.

Pour faire de la politique d'ordre, il faut :

1° Avoir un principe politique vrai ;
2° Connaitre la vraie logique de ce principe ;
3° Se conformer sincèrement à cette logique,
autant pour soi que pour les autres.

Reproduction partielle ou totale autorisée dans tous les journaux.
DÉPÔT : à la LIBRAIRIE FABIANI, Bastia.

BASTIA

IMPRIMERIE FABIANI.

1881.

DÉFINITION ET LOGIQUE

DU PRINCIPE

DE LA

SOUVERAINETÉ

DU PEUPLE

PAR

RENUCCI, Capitaine en retraite.

Pour faire de la politique d'ordre, il faut :

1° Avoir un principe politique vrai ;
2° Connaître la vraie logique de ce principe ;
3° Se conformer sincèrement à cette logique,
autant pour soi que pour les autres.

Reproduction partielle ou totale autorisée dans tous les journaux.
Dépôt : à la Librairie Fabiani, Bastia.

BASTIA

IMPRIMERIE FABIANI.

1881.

DÉFINITION ET LOGIQUE

DU PRINCIPE

DE LA

SOUVERAINETÉ

DU PEUPLE.

D. Qu'est-ce que le principe de la souveraineté du peuple?

R. Le principe de la souveraineté du peuple a deux sens : un sens positif et un sens négatif.

Dans le sens positif, il signifie que le peuple est de droit naturel imprescriptible et inaliénable, l'autorité suprême de la société; que toutes les institutions et tous les pouvoirs politiques et sociaux doivent émaner directement ou indirectement de lui; que les législateurs et le chef du pouvoir exécutif (le gouvernement) ne sont que ses délégués à des conditions constitutionnellement déterminées et sont toujours révocables.

Dans le sens négatif, il est la négation du principe du droit divin monarchique et du droit divin de la papauté, en tant que la papauté voudrait s'ériger en puissance politique et sociale suprême, dans l'ordre des idées ou dans l'ordre des faits.

Le mot *peuple* ayant plusieurs acceptions, il convient de bien préciser la signification qu'il a dans l'expression *Souveraineté du peuple*.

On dit le peuple français, le peuple anglais, etc. Dans ce sens le mot *peuple* embrasse la population entière; c'est le peuple social.

On dit le peuple par opposition à la bourgeoisie. Dans ce sens le mot *peuple* désigne la partie de la population qui se trouve dans une situation économique précaire et malheureuse. C'est le peuple économique.

On dit le peuple souverain. Dans ce sens le mot *peuple* désigne la partie de la population qui forme le corps électoral politique, établi sur la base du suffrage universel. C'est le peuple politique.

Le suffrage universel tire sa raison d'être du droit naturel, parce que, en tant que citoyen, un homme est l'égal d'un autre homme. Il est l'opposé du suffrage restreint, qui ne s'appuie que sur des priviléges de cens ou autres.

Le suffrage universel comprend actuellement sur sa liste tous les individus du sexe masculin âgés de 21 ans, sauf ceux qui sont atteints d'aliénation mentale ou frappés d'une condamnation emportant indignité. Un parti — encore faible pour le moment — demande que le sexe féminin soit admis sur la liste électorale au même titre et aux mêmes conditions que le sexe masculin par la raison que, en tant qu'être intelligent et moral, la femme est l'égale de l'homme.

Le peuple souverain, ou le peuple politique, ou le corps électoral — ces expressions ont la même signification — prend ses décisions à la majorité des suffrages. Les décisions de la majorité, tant qu'elles ne sont pas modifiées ou annulées par une majorité ultérieure, sont obligatoires, en fait, pour la minorité; mais celle-ci conserve le droit de les apprécier et de les condamner dans le domaine des discussions écrites ou parlées.

D. La logique du principe de la souveraineté du peuple permet-elle à la majorité d'un corps électoral d'un moment donné, de déléguer, en tout ou en partie, pour un temps illimité ou pour un temps limité, le pouvoir législatif et le pouvoir exécutif à un ou à plusieurs individus?

R. Oui. Une telle délégation n'a que la valeur d'une procuration faite à ces individus pour diriger et administrer la chose publique au nom du peuple souverain. Il suffit que la majorité qui donne la procuration réserve, pour elle et pour les majorités ultérieures du corps électoral, le droit et les moyens légaux, de la modifier ou de la révoquer à tel moment qu'il leur plaira. Le peuple n'en reste pas moins souverain pour cela, et il n'use de la délégation que comme mode pratique, sage et utile de gouverner la société. Le gouvernement direct de la société par le peuple, c'est-à-dire par la collectivité du corps électoral, est pratiquement impossible.

D. La logique du principe de la souveraineté du peuple permet-elle à la majorité d'un corps électoral d'un moment donné, d'aliéner, en tout ou en partie, pour un temps illimité ou limité, le pouvoir législatif et le pouvoir exécutif, dans les mains d'un ou de plusieurs individus ?

R. Non. Aliéner, c'est se dessaisir, c'est renoncer absolument dans la mesure où l'on aliène ; et, comme ce qui constitue la souveraineté du peuple est précisément le pouvoir législatif et le pouvoir exécutif, ladite majorité aliénerait la souveraineté du peuple dans la mesure où elle aliénerait ces deux pouvoirs. C'est ce qu'elle ne peut pas faire sans violer le principe même de la souveraineté du peuple et par conséquent sans se rendre criminelle et provoquer immédiatement une résistance et une répression légitimes contre elle et contre tous ceux qui accepteraient l'aliénation à leur profit.

D'ailleurs, dans son sens absolu, l'expression *Souveraineté du peuple*, signifie la souveraineté des corps électoraux et des majorités des corps électoraux de tous les moments et de toutes les époques. Par conséquent aucune majorité d'un corps électoral du moment n'a le droit d'aliéner, à quelque titre que ce soit et pour quelque temps que ce soit, la souveraineté des majorités des corps électoraux ultérieurs. Cela est évident, parce que le corps électoral étant dans un perpétuel changement d'éléments par l'élimination des hommes qui meurent et par l'inscription des hommes qui atteignent 21 ans, la majorité du jour peut ne plus être majorité le lendemain, et dès lors, la majorité du lendemain, étant aussi souveraine que la première, doit pouvoir exercer comme celle-ci la souveraineté dans toute sa plénitude. Les majorités ultérieures du corps électoral ne sont liées par les décisions des majorités antérieures que dans les conventions synallagmatiques et onéreuses d'État à État et d'État à particuliers. Ce n'est plus le même cas.

D. Qu'est-ce que la République conforme à la logique du principe de la souveraineté du peuple?

R. C'est l'application intégrale et loyale du principe de la souveraineté du peuple au moyen de n'importe quelle forme de gouvernement propre à cette application.

D. Quelles sont les formes de gouvernement propres à l'application intégrale et loyale du principe de la souveraineté du peuple?

R. Toutes celles qui respectent le principe de la souveraineté du peuple et sa logique, toutes celles dont la constitution et le personnel du pouvoir législatif et du pouvoir exécutif sont constamment révocables ou modifiables, soit indirectement par les mandataires du corps électoral, soit directement par un plébiscite émanant de l'initiative légale du corps électoral lui-même.

Les formes de gouvernement susceptibles de remplir ces conditions peuvent varier à l'infini, quant aux dispositions constitutionnelles. Je ne citerai que celles qui se distinguent par le seul titre du chef du pouvoir exécutif.

1º Gouvernement présidentiel ou gouvernement dont le chef du pouvoir exécutif est un président. Ce président pourra être élu pour une période de temps plus ou moins longue, comme convenance pratique; mais sous la réserve constitutionnelle que le corps électoral pourra le changer quand il voudra au moyen d'un plébiscite.

2º Gouvernement impérial ou gouvernement dont le chef du pouvoir exécutif est un empereur. L'empire pourra être héréditaire, à vie, ou à temps limité, comme convenance pratique; mais sous la réserve constitutionnelle que le corps électoral pourra révoquer l'empereur et supprimer l'empire à tel moment qu'il lui plaira, au moyen d'un plébiscite.

3º Gouvernement monarchique ou gouvernement dont le chef du pouvoir exécutif est un roi. La monarchie pourra être héréditaire, à vie, ou à temps limité, comme convenance pratique; mais sous la réserve constitutionnelle que le corps électoral pourra révoquer le roi et supprimer la royauté à tel moment qu'il lui plaira au moyen d'un plébiscite. Peu importe que la dynastie royale soit orléaniste ou légitimiste pourvu que l'une et l'autre renoncent, en fait, au principe extra-rationnel du droit divin.

— On est généralement porté à croire que l'hérédité

monarchique ou impériale est incompatible avec l'application intégrale et loyale du principe de la souveraineté du peuple.

— C'est une erreur. Exemple. On soumet à la décision du corps électoral la question suivante : — Doit-on rétablir la monarchie légitime et traditionnelle avec hérédité dynastique? — Le corps électoral répond : oui. — En vertu de ce plébiscite le rétablissement de la monarchie légitime et traditionnelle devient une application correcte et rigoureuse du principe de la souveraineté du peuple, et si le corps électoral consulté périodiquement pendant mille ans se prononce toujours en faveur de cette monarchie et de cette hérédité, la monarchie légitime héréditaire coexistera correctement durant mille ans avec l'application intégrale et loyale du principe de la souveraineté du peuple.

Le même raisonnement est applicable à la monarchie orléaniste et à l'empire.

— On est encore généralement porté à croire qu'on compromet la stabilité du gouvernement en laissant au corps électoral la faculté de le modifier ou de le changer quand il lui plaît.

— C'est une autre erreur. La stabilité d'un gouvernement n'a, en réalité, d'autre base et d'autre garantie que l'attachement et la considération que le peuple a pour lui; s'il les perd, il est perdu lui-même malgré tout ce qu'il pourrait faire, légalement ou illégalement, pour se maintenir au pouvoir, et s'il entre en lutte

ouverte et violente avec le peuple pour défendre son
existence ou ses prérogatives, il ne prolonge guère sa
durée, s'aliène le peuple à jamais et s'enlève toute
chance de retour dans l'avenir. — C'est ce qui est
arrivé à la monarchie légitime.

Qu'a gagné le dernier empire à se mettre constitutionnellement au-dessus de la souveraineté du peuple
et à enlever au corps électoral, qui l'avait fondé par
un plébiscite, le droit de le renverser par un autre
plébiscite? (La constitution impériale ne pouvait être
modifiée que sur l'initiative de l'empereur; elle avait
même des prérogatives supérieures à celles de Dieu :
on pouvait discuter Dieu dans n'importe quel écrit;
on ne pouvait discuter la constitution impériale que
dans des écrits ayant au moins neuf feuilles d'im-
pression.)

Il y a gagné de se voir renverser révolutionnairement
et prématurément le 4 Septembre par une poignée
d'individus parisiens. Le 4 Septembre eut été impossible si le corps électoral avait été investi constitutionnellement du droit de conserver ou de renverser
l'Empire dans n'importe quelle circonstance, parce
qu'alors l'acte des individus qui ont renversé l'Empire
le 4 Septembre devenait un attentat contre la souveraineté du corps électoral, et le corps électoral n'eut
pas manqué de réagir et de faire expier l'attentat aux
coupables. Ce qui justifie le 4 Septembre, en tant
qu'acte révolutionnaire, c'est que le peuple souverain
n'avait plus aucun moyen légal de supprimer l'Em-

pire s'il eut voulu le faire, et dès lors le 4 Septembre n'a été que la destruction d'un état de choses arbitraires et en contradiction avec le principe de la souveraineté du peuple. D'un autre côté, on peut tenir pour certain que le corps électoral de 1870 n'eut pas substitué la République à l'Empire, malgré les fautes et les désastres de celui-ci. Il lui eut encore moins substitué une monarchie orléaniste ou légitimiste. Donc l'Empire est tombé prématurément pour avoir été infidèle à la logique du principe de la souveraineté du peuple, dans le but égoïste d'assurer le règne et l'existence de la dynastie napoléonienne bon gré mal gré la volonté du corps électoral.

4° Gouvernement dictatorial ou gouvernement d'un homme investi temporairement d'une autorité exceptionnelle dans un but de salut public et pour faire face à une situation mettant la patrie en danger, comme serait celle d'une guerre avec une ou plusieurs puissances, et exigeant pour la dominer la concentration de tous les pouvoirs et de toutes les ressources de l'Etat dans les mains d'un homme d'une énergie et d'une capacité supérieures. Il suffit que la dictature soit complétement subordonnée, quant à son établissement, à sa durée et à sa cessation, à la volonté du corps électoral ou à celle des mandataires ordinaires du corps électoral.

D. Après ce qui vient d'être dit, qu'est-ce que le bonapartisme conforme à la logique du principe de la souveraineté du peuple?

R. C'est l'application intégrale et loyale du principe de la souveraineté du peuple, soit au moyen d'un gouvernement présidentiel, avec un Bonaparte pour président, soit au moyen d'un gouvernement impérial, avec un Bonaparte pour empereur. Donc le bonapartisme conforme à la logique du principe de la souveraineté du peuple, — qu'il soit présidentiel ou impérialiste, — est un gouvernement particulier, un cas particulier de la République conforme à la logique du principe de la souveraineté du peuple. En effet, nous avons défini la République conforme à la logique du principe de la souveraineté du peuple : « L'application intégrale et loyale du principe de la souveraineté du peuple, au moyen de n'importe quelle forme de gouvernement propre à cette application. »

D. Quels perfectionnements faut-il introduire dans la procédure du Suffrage universel et de quelles attributions faut-il doter le corps électoral, pour arriver à l'application intégrale et loyale du principe de la souveraineté du peuple?

R. Il faut, en premier lieu, perfectionner la procédure légale du Suffrage universel de façon à assurer réellement le secret du vote, sans lequel un grand nombre d'électeurs, — dans les campagnes surtout, — à cause de leur dépendance des riches et des puissants de leurs localités, qui peuvent leur être utiles ou leur nuir, sont obligés de voter, non selon leur opinion, mais selon la volonté de ces riches et de ces puissants. A ce point de vue, le Suffrage universel se trouve actuellement, dans une grande mesure, sous la domination de la bourgeoisie. Il faut, en second lieu, perfectionner les moyens de police électorale de façon à pouvoir atteindre et punir, selon la rigueur des dispositions pénales du décret organique du 2 février 1852, tous les falsificateurs des opérations électorales, tous les acheteurs et tous les corrupteurs du Suffrage universel. Ce qui se passe aujourd'hui à ce sujet est vraiment indigne : le Suffrage universel est ouvertement falsifié et prostitué dans presque toutes les élections.

Pour arriver à l'application intégrale et loyale du principe de la souveraineté du peuple, il faut encore doter le corps électoral de l'attribution des plébiscites directs, c'est-à-dire des plébiscites émanant de sa propre initiative, bon gré mal gré la volonté du gouvernement existant. C'est par cette attribution que le corps électoral pourra exercer réellement sa souveraineté, dominer de son autorité tous les partis et tous les gouvernements, et dénouer tous les conflits politiques et sociaux sans guerre civile et sans désordre. La seule délégation périodique du pouvoir exécutif et du pouvoir législatif à un président ou à un monarque et à des assemblées ne suffit pas pour obtenir ce résultat, parce que tout gouvernement est immédiatement accusé par les partis — et quelquefois non sans raison — de ne pas représenter fidèlement l'opinion de la majorité du corps électoral. Une pareille accusation devient sans valeur et sans force, avec l'attribution des plébiscites directs donnée au corps électoral, parce qu'alors les gouvernants peuvent répondre : « Nous représentons fidèlement l'opinion de la majorité du corps électoral, puisque cette majorité, ayant la faculté et les moyens de nous retirer le pouvoir quand elle veut, nous le conserve malgré vos accusations. »

— Mais, dira-t-on, un tel système serait la révolution en permanence.

C'est là une erreur. Le corps électoral, dans son ensemble, est bien plus porté à être conservateur que révolutionnaire, et il ne renversera jamais que des gouvernements réellement et obstinément coupables ou incapables. Si par *révolution*, on entend simplement un changement de choses illégal opéré par une minorité violente, ce système met précisément fin à toutes les révolutions.

En résumé le corps électoral doit pouvoir exercer sa souveraineté par deux voies différentes : par la délégation gouvernementale et par les plébiscites directs, et la délégation gouvernementale doit être organisée de façon que le corps électoral ne sente jamais la nécessité de recourir aux plébiscites directs.

D. Comment peut-on organiser pratiquement l'attribution des plébiscites directs?

R. En introduisant dans la constitution politique de l'Etat les trois articles suivants :

Art. 1er. — Un ou plusieurs électeurs ont le droit de soumettre à la décision du corps électoral une

proposition quelconque, comportant une simple ré-
ponse par oui ou par non, en versant au trésor, pour
indemnité des frais de l'opération électorale, autant de
fois 10 centimes qu'il y a d'électeurs inscrits sur toutes
les listes électorales politiques de la nation. (Un mil-
lion de francs pour dix millions d'électeurs inscrits
sur ces listes).

Art. 2. Cet ou ces électeurs remettront au Ministre
de l'intérieur le texte *ne varietur* de ladite proposition,
accompagné du récépissé du versement au trésor de
la somme mentionnée en l'article précédent.

Art. 3. Le Gouvernement devra, dans le délai de
30 jours, à dater du jour de la remise de la proposition entre les mains du Ministre de l'intérieur, soumettre ladite proposition à la décision du corps électoral de la nation.

Si la proposition est votée par le corps électoral, la
chambre des députés devra la formuler en loi dans le
délai de 30 jours après le vote du corps électoral.

Si la chambre des députés trouve la proposition
impraticable ou désastreuse, et croit ne pas devoir la
formuler en loi, elle se dissoudra *ipso facto*, et on
procédera à une nouvelle élection de députés dans le
délai de 30 jours.

Si la nouvelle chambre des députés trouve également que la proposition votée par le corps électoral
est impraticable ou désastreuse, et qu'il ne convient
pas de la convertir en loi, la proposition reste comme
non avenue et n'a aucune autre suite, à moins que le

corps électoral ne la vote une seconde fois dans la
forme et aux conditions ci-dessus indiquées, auquel
cas la chambre des députés procéderait de la même
manière qu'avant.

Observations.

La disposition de l'article 1er qui exige le versement
au trésor d'autant de fois 10 centimes qu'il y a d'électeurs inscrits sur toutes les listes électorales politiques de la nation, pour pouvoir soumettre une proposition d'initiative civique à un plébiscite, a moins
pour but de couvrir les frais de l'opération électorale
que d'interdire aux partis sans influence sérieuse sur
le corps électoral de le déranger à volonté et inutile-
ment, ce qui serait un grave abus; or, aucun parti ne
s'imposera le sacrifice de la somme exigée par cette
disposition, s'il ne se croit pas en mesure de triom-
pher auprès de la majorité du corps électoral. Cette
même disposition n'est pas de nature à empêcher un
parti ayant une influence considérable sur le corps
électoral, de soumettre à un plébiscite telle proposition
qu'il voudra, parce qu'il pourra réaliser facilement la
somme exigée au moyen d'une souscription. Elle per-
met donc la pratique des plébiscites d'initiative civique

en écartant les abus qui pourraient discréditer et compromettre cette pratique.

La disposition de l'article 3 qui autorise la chambre des députés à ne pas formuler en loi une proposition votée par le corps électoral, à la condition de se dissoudre *ipso facto*, a le double but et de permettre à la chambre des députés de se soustraire à l'obligation de consacrer législativement ce qu'elle tient pour une bévue du corps électoral et de permettre au corps électoral, ou de se déjuger en réélisant les mêmes députés, ou, s'il persiste dans la même opinion, d'élire d'autres députés, professant la même opinion et disposés par conséquent à formuler en loi la proposition votée.

D. Parmi les diverses formes de gouvernement compatibles avec l'application intégrale et loyale du principe de la souveraineté du peuple, y en a-t-il une qui soit préférable aux autres, au point de vue de l'intérêt général, c'est-à-dire de la bonne direction et de la bonne gestion des affaires publiques?

R. Les divers partis politiques trouvent respectivement que la meilleure forme de gouvernement est celle qu'ils défendent; mais leur jugement à ce sujet est moins dicté par la science pure et l'intérêt général que par des traditions aveugles et des intérêts égoïstes.

Voici les bases de la forme de gouvernement qui, quant à la constitution du pouvoir législatif, du pouvoir exécutif et du ministère, me paraîtrait préférable à toutes celles qui ont été pratiquées jusqu'ici, tant

au point de vue de l'intérêt général qu'au point de vue
de l'application intégrale et loyale du principe de la
Souveraineté du peuple :

Du pouvoir législatif.

ART. 1er. — Le pouvoir législatif est délégué à une
chambre de députés composée :

Pour les 5/6 de députés élus par département, et au
scrutin de liste, pour une période de 6 ans et renouvelables chaque année par sixième.

Pour l'autre sixième de députés nommés par la
Chambre elle-même, pour une période de 6 ans et
choisis dans toutes les branches des connaissances
humaines parmi les capacités de premier ordre. Ces
députés sont également renouvelables chaque année
par sixième. Les uns et les autres sont indéfiniment
rééligibles.

Chaque vacance de député sera remplie dans le
délai strictement nécessaire pour les opérations électorales qui s'y rapportent.

Le corps électoral pourra prononcer la dissolution
de la Chambre des députés par un plébiscite d'initiative civique. Dans ce cas, les députés de la nouvelle
Chambre sont élus dans le délai strictement nécessaire
pour l'accomplissement des opérations électorales.

Du pouvoir exécutif.

Art. 2. — Le pouvoir exécutif est délégué à un Président de la République pour une période de 6 ans.

Le Président de la République est nommé directement par le corps électoral. Il est indéfiniment rééligible. Le corps électoral peut le révoquer quand il lui plaît par un plébiscite d'initiative civique. Il est responsable ; mais tous ses actes, pour être légalement valables, doivent être revêtus de la signature d'un ministre qui partage alors sa responsabilité. Il a l'initiative des lois comme la Chambre des députés. La Chambre des députés a le haut contrôle parlementaire sur son action gouvernementale.

Les projets de loi émanant de l'initiative du Président de la République, avec l'avis conforme de la majorité des ministres, sont votés par la Chambre des députés à la majorité relative de ses membres présents. Les projets de loi émanant de l'initiative de la Chambre des députés sont également votés à la majorité relative des membres de cette Chambre, si le Président de la République les approuve, avec l'avis conforme de la majorité des ministres ; ils ne peuvent être votés qu'à la majorité d'un sixième du complet des membres de la Chambre des députés, si le Président

de la République les repousse, avec l'avis conforme de
la majorité des ministres.

Du ministère.

Art. 3. — Il y a deux espèces de ministres : des ministres directeurs et des ministres gérants. Les ministres gérants sont les subordonnés hiérarchiques des
ministres directeurs dans la mesure et aux conditions
stipulées dans le présent article.

Les ministres directeurs sont les aides et les agents
du Président de la République pour tout ce qui con-
cerne l'initiative et l'élaboration des projets de lois, la
direction de toutes les affaires publiques, le contrôle
de la légalité et de l'exactitude des actes exécutifs des
ministres gérants.

Ils sont nommés par le Président de la République
et choisis par lui parmi les députés ou en dehors des
députés, sans aucune obligation légale de les faire
agréer, soit avant, soit après, par la majorité parlementaire de la Chambre des députés.

Il y a autant de ministres directeurs qu'il y a de
ministères, plus un président des ministres directeurs, sans portefeuille. Le président du conseil des
ministres directeurs remplace le Président de la
République en cas d'absence ou de maladie. Les

ministres directeurs restent étrangers à la gestion purement exécutive des ministres gérants et n'en sont pas responsables; ils ne font que la diriger par leurs ordres et la contrôler par leurs revues ou leurs enquêtes.

Il y a autant de ministres gérants qu'il y a de ministres directeurs. Ils ne forment pas conseil, et chacun d'eux a pour chef hiérarchique le ministre directeur du même ministère. Ils sont nommés par la Chambre des députés et ils ne sont révocables que par elle.

La mission des ministres gérants est d'exécuter et de faire exécuter strictement les lois et les réglements qui régissent les affaires de leurs ministères respectifs, d'exécuter et de faire exécuter régulièrement et ponctuellement les ordres de direction qu'ils reçoivent des ministres directeurs. Ils enregistrent tous les ordres de direction qu'ils reçoivent et ils en adressent journellement copie au Président de la chambre des députés. Il y a exception pour les ordres de direction dont le secret est autorisé par les lois et ordonné expressément par les ministres directeurs qui les donnent.

DES CONFLITS.

—

Conflits entre la Chambre des députés et le Président
de la République.

Art. 4. — En cas de conflit grave et persistant entre
la Chambre des députés et le Président de la République, de nature à mettre en souffrance ou en danger
les intérêts de l'État, la Chambre des députés mettra
un terme au conflit en votant à la majorité d'un sixième du complet de ses membres l'ordre du jour suivant, sans aucun considérant :

La Chambre des députés n'a pas confiance dans le
Président de la République.

Devant cet ordre du jour, le Président de la République devra, dans le délai de trois jours, ou donner
sa démission, ou faire appel au corps électoral, en
soumettant à sa décision, dans le délai strictement
nécessaire pour l'accomplissement des opérations du
vote, la proposition suivante :

Le corps électoral a-t-il confiance dans le Président
de la République?

Si le corps électoral répond : non, le Président de

la République est révoqué *ipso facto*, et on procèdera immédiatement à une nouvelle élection présidentielle. Si le corps électoral répond : oui, la Chambre des députés est dissoute *ipso facto*, et on procèdera immédiatement à de nouvelles élections législatives.

Conflits entre la Chambre des députés et les Ministres directeurs.

ART. 5. — Les ministres directeurs, étant exclusivement les aides et les agents du Président de la République, ne sont pas légalement tenus de se retirer devant le rejet par la Chambre des députés des projets de loi qu'ils présentent et défendent au nom du Président de la République, ni devant un ordre du jour de blâme voté contre eux par la même Chambre, à l'occasion de tel ou tel fait où ils se trouveraient en défaut.

Quand la Chambre des députés voudra qu'un ou plusieurs ministres directeurs se retirent, elle votera à la majorité d'un sixième du complet de ses membres l'ordre du jour suivant, sans aucun considérant :

La Chambre des députés n'a pas confiance dans tel ou tels ministres directeurs.

Devant cet ordre du jour, ces ministres sont léga-

lement tenus de se retirer, et le Président de la
République est légalement tenu de les remplacer par
d'autres; mais sans être légalement obligé d'avoir
égard aux sentiments que la Chambre des députés
aura ou pourra avoir pour les nouveaux ministres
qu'il choisit. Si la Chambre des députés n'est pas
satisfaite de la conduite du Président de la République
à ce sujet, elle pourra transformer le conflit avec les
ministres directeurs en conflit avec le Président de la
République et le terminer comme il a été dit en
l'article 4. En tous cas, les ministres frappés de l'ordre du jour de *non confiance*, ne pourront être repris
par le Président de la République qu'après un an,
sans une autorisation de la Chambre des députés
votée à la même majorité qu'a été voté l'ordre du
jour de *non confiance*.

Conflits entre les ministres directeurs

et les ministres gérants.

Art. 6. — Quand un ministre gérant reçoit du
ministre directeur de son ministère un ordre de
direction contraire aux lois et aux réglements en
vigueur, il prévient immédiatement celui-ci de son
erreur. Si aucune entente ne s'établit entre ces deux

ministres au sujet de la légalité ou de l'illégalité de
l'ordre, et si le ministre directeur le maintient, le
ministre gérant en réfère immédiatement au Président
de la République qui devra lui répondre par écrit s'il
doit ou ne doit pas exécuter l'ordre du ministre
directeur. Il se conforme à la décision du Président
de la République et adresse dans les 24 heures un
rapport sur l'incident au Président de la Chambre des
députés. Sa responsabilité se trouve ainsi dégagée
quelle que soit la nature de l'ordre qu'il exécute; elle
se trouverait au contraire engagée s'il ne procédait
pas comme il vient d'être dit.

Quand le Président de la République voudra qu'un
ou plusieurs ministres gérants se retirent, il enverra
à la Chambre des députés la communication suivante :

Le Président de la République n'a pas confiance
dans tel ou tels ministres gérants.

Devant cette communication, la Chambre des députés est légalement tenue de remplacer immédiatement
les ministres gérants désignés; mais sans être légalement obligée de tenir compte des sentiments que le
Président de la République pourra avoir, avant ou
après, à l'égard des nouveaux ministres gérants qu'elle
croira devoir choisir.

*De la répressiou des crimes et délits commis par le
Président de la République, par les ministres directeurs et par les ministres gérants dans l'exercice de
leurs fonctions.*

ART. 7. — Pour tous les crimes et délits commis
dans l'exercice de leurs fonctions, le Président de la
République, les ministres directeurs et les ministres
gérants sont mis en accusation par un vote de la
Chambre des députés à la majorité d'un sixième du
complet de ses membres, et jugés par une haute
cour de justice instituée *ad hoc.*

OBSERVATIONS.

Ce qui précède est fort incomplet comme cadre et
dispositif d'une constitution gouvernementale; mais
c'est suffisant pour donner une idée exacte des bases
qu'il faut adopter pour établir une forme de gouvernement réellement démocratique, répondant à la
fois aux exigences de la logique du principe de la
Souveraineté du peuple et à celles d'une bonne direction et d'une bonne gestion des affaires publiques. Le
Sénat est supprimé comme une superfétation gouvernementale, n'ayant aucune utilité réelle, occasionnant
une dépense sérieuse en pure perte et engendrant de
continuels conflits au sein des pouvoirs publics.

La disposition qui attribue à la chambre des députés le droit de se recruter directement pour un sixième de ses membres, parmi les capacités de premier ordre, dans toutes les branches des connaissances humaines, n'est pas de nature à diminuer sensiblement la prépondérance législative que doivent avoir les délégués directs du corps électoral et dote la chambre des députés d'une valeur intellectuelle très élevée, valeur qu'elle ne pourrait jamais acquérir par les seuls mandataires des circonscriptions départementales, parce que dans ces circonscriptions les candidatures des hommes riches et puissants priment les candidatures des hommes savants. D'ailleurs, les députés nommés directement par la chambre n'ont aucune sorte de priviléges sur ceux nommés par le corps électoral et sont renouvelés annuellement par sixièmes comme ceux-ci.

Dans le système réellement démocratique, le chef du pouvoir exécutif doit être un délégué direct du corps électoral, et il doit exercer un pouvoir réel sous la garantie de sa responsabilité. Dans le système parlementaire, comme celui de la République actuelle, il n'a qu'un pouvoir fictif, et, fût-il d'une capacité hors ligne, il devient une véritable nullité devant les chambres. Les seigneurs de l'aristocratie anglaise ont établi le système d'un roi héréditaire sans pouvoir et sans responsabilité, dans le but de s'assurer la puissance politique et gouvernementale sous le masque de la Royauté; les seigneurs de la bourgeoisie française ont établi le système d'un Président de la République sans pouvoir et sans responsabilité, dans le but de s'assurer la puissance politique et gouvernementale sous le masque de la République.

La disposition en vertu de laquelle un projet de loi émanant de l'initiative de la chambre des députés ne peut être voté qu'à la majorité d'un sixième du complet des membres de cette chambre, si le Président de la République et la majorité des ministres directeurs le combattent, a sa raison d'être dans ce fait qu'il serait absurde et contraire à l'intérêt public de faire prévaloir, dans l'œuvre législative, l'avis d'un ou d'un petit nombre de députés sur l'avis du Président de la République et de la majorité des ministres directeurs.

Le système des ministres directeurs et des ministres gérants présente les avantages suivants :

1° Il partage le travail de chaque ministère entre deux ministres. Un seul ministre est actuellement impuissant, non-seulement à étudier sérieusement toutes les affaires qui lui incombent, mais même à en prendre convenablement connaissance, surtout étant obligé de faire face à toutes les discussions et à toutes les interpellations qui se produisent aux chambres;

2° Il applique le principe administratif de la distinction et de la séparation de la gestion d'une part, du contrôle et de la direction d'autre part;

3° Il met en mesure les ministres gérants de résister à toute influence supérieure qui solliciterait ou ordonnerait une violation des lois et réglements en vigueur. En effet, les ministres gérants, quoique les subordonnés hiérarchiques des ministres directeurs et du Président de la République, sont moralement indépendants d'eux par le seul fait qu'ils sont nommés par la chambre des députés et ne peuvent être révoqués que par elle.

4° Il met à même la chambre des députés de connaître constamment la nature de la direction que le chef du pouvoir exécutif et ses ministres impriment aux affaires publiques, par la transmission journalière que lui font les ministres gérants de tous les ordres de direction qu'ils reçoivent des ministres directeurs.

Nous avons démontré dans cette brochure que la République démocratique est caractérisée par l'application intégrale et loyale du principe de la souveraineté du peuple et non par telle ou telle forme particulière de gouvernement. Par conséquent, le régime politique actuel de la France, ne réalisant pas cette application, est plutôt un opportunisme sans principes et sans logique qu'une République démocratique.

CONCLUSION.

Aux élections législatives prochaines, tous ceux qui proclament et invoquent le principe de la souveraineté du peuple, tous ceux qui sont réellément démocrates

— qu'ils s'appellent d'ailleurs républicains ou bona-
partistes — doivent, s'ils sont logiques, n'accorder
leurs suffrages et l'appui de leur influence qu'aux
candidats qui, dans leurs professions de foi, se pro-
nonceront formellement pour la révision de la Constitution actuelle, dans le sens de l'application intégrale
et loyale du principe de la Souveraineté du peuple,
et, par suite, pour la suppression du Sénat, pour
l'élection directe du Président de la République par
le corps électoral et pour la protection efficace du
suffrage universel contre ceux qui le faussent et le
corrompent.

www.ingramcontent.com/pod-product-compliance
Lightning Source LLC
Chambersburg PA
CBHW060804280326
41934CB00010B/2547